Shortcuts & Spotlights

Essays über die Dinge der Welt

Pascal Debra

Pascal Debra

Shortcuts & Spotlights
Essays über die Dinge der Welt

Bibliografische Information der Deutschen Nationalbibliothek: Die Deutsche Nationalbibliothek verzeichnet diese Publikation in der Deutschen Nationalbibliografie; detaillierte bibliografische Daten sind im Internet über dnb.dnb.de abrufbar.

Titel der Originalausgabe:
Shortcuts & Spotlights. Essays über die Dinge der Welt
© 2023
Covergestaltung: Pascal Debra ©
Frontcoverbild:
Bald Male Head Barbershop © LembergVector
Alle Rechte vorbehalten, Pascal Debra ©
ISBN: 9783756813155
1. Auflage 2023
Herstellung und Verlag: BoD – Books on Demand, Norderstedt

INHALTSVERZEICHNIS

Smartphones in Nobelrestaurants

In einer Welt, in der Noblesse und Rücksichtnahme einst als Tugenden galten, scheinen einige Zeitgenossen diese Prinzipien mit so viel Leidenschaft zu verfolgen wie eine Schnecke ein Hürdenrennen. Tritt ein in die ehrwürdigen Hallen der Nobelrestaurants, jene Orte, die einst von subtilen Klängen des Besteckklapperns und leisem Flüstern erfüllt waren – und du wirst feststellen, dass das neueste Accessoire der feinen Gesellschaft kein Diamantcollier oder eine Seidenfliege ist, sondern ein funkelndes Smartphone.

Diese modernen Ästheten haben den zarten Tanz von Speisen auf ihren Zungen gegen das rhythmische Tippen auf Bildschirmen eingetauscht. Ach, wie herrlich es ist, den aufwendig zubereiteten Gaumenschmaus des Küchenchefs durch die Linse der digitalen Eitelkeit zu betrachten, während er auf dem Teller erkaltet.

Aber wer könnte sich schon für einen lauwarmen Delikatessenteller interessieren, wenn man stattdessen die endlosen Nachrichtenflüsse der sozialen Medien durchforsten kann?

Die raffinierte Kulisse eines Nobelrestaurants bietet die perfekte Bühne für das Drama des digitalen Narzissmus. Während einst die Kunst der Konversation und der gepflegte Austausch von Gedanken den Ton angaben, herrscht nun das monotone Klappern von Fingern auf Bildschirmen vor. Die feine Klingeltonsymphonie ist der Soundtrack der Desinteressierten, die es vorziehen, ihre virtuellen Gespräche über die neuesten modischen Errungenschaften und schillernden Soireen zu führen, anstatt den Genüssen des Momentes zu lauschen.

Bemerkenswert ist auch das Kabinett der Wunder, in dem die Mahlzeitenkünstler ihre neuesten Kreationen präsentieren: Instagram. Dort wird jedes Gericht sorgfältig inszeniert, um den perfekten Filter zu erhalten – schließlich ist es wichtiger, dass das Essen in der Cloud gut aussieht, als dass es im wirklichen Leben gut schmeckt. Die Selbstverliebtheit erreicht ihren Höhepunkt, wenn ein wohlschmeckendes Gericht verschlungen wird, während die verzückte Masse auf den neuesten Post des "Influencers" starrt.

Doch warum sich nur auf den visuellen Aspekt beschränken? Die Fortgeschrittenen unter den Smartphone-Aficionados nutzen die Gelegenheit, um ihre ohrenbetäubenden Telefongespräche mit dem Tischnachbarn zu führen, als würden sie in einer Telefonzelle stehen – der Abstand des Anderen ist schließlich kein Hindernis für den ohrenbetäubenden Klang von "Ja, Karen, ich bin im

Nobelrestaurant, also erzähl mir mehr über deine Zehennagelprobleme."

Und dann gibt es noch diejenigen, die das unbändige Bedürfnis verspüren, das gesamte Repertoire ihrer Musikbibliothek für die Ohren der Tischgenossen abzuspielen. Wer könnte die subtile Klangkulisse des Kellners, der das Filet Mignon serviert, gegen den donnernden Bass eines chartstürmenden Hits eintauschen? Schließlich sollte das kulinarische Erlebnis von einem mitreißenden Dubstep-Beat begleitet werden, oder schlimmer: vom neuesten TikTok-Seuchen-Song – ganz zu schweigen von den neidischen Blicken der benachbarten Tische.

Natürlich wäre es nicht fair, alle Smartphones für diese Verirrungen verantwortlich zu machen. Schließlich sind sie auch nützlich, um die Essenz des Abends zu erfassen – einen Schnappschuss des Desserts als Beweis dafür, dass man, wenn auch nur für einen Moment, den geistigen und kulinarischen Olymp erreicht hat. Warum sollte man diesen triumphalen Moment nur für sich selbst behalten, wenn man ihn stattdessen auf diversen Plattformen zur Schau stellen kann? Schließlich war das Essen nur ein Vorwand für das wahre Ziel: digitale Anerkennung.

In einer Ära, in der der Luxus der Stille und der Freude am Geschmack einem symphonischen Crescendo von Klicken, Tippen und Blenden gewichen ist, können wir nur auf den Tag hoffen, an dem die selbsternannten Feinschmecker von ihren Bildschirmen aufblicken und erkennen, dass das wahre Festmahl nicht auf einem Bildschirm, sondern in der wahren Welt serviert wird. Bis dahin werden wir die Geißeln der Smartphone-Symphoniker ertragen müssen, während wir sehnsüchtig auf den Tag warten, an dem die Freuden der Gastro-

nomie wieder von der Klugheit der Gesellschaft übertroffen werden.

Ich habe wirklich keinen grünen Daumen

In einer Welt, in der Blätter tiefgrün erstrahlen und Pflanzen in ihrer Pracht gedeihen, stehe ich da – ein intellektueller Freigeist, dessen Daumen so farblos ist wie die Ideen eines uninspirierten Dichters. Ja, meine lieben Freunde, ich gestehe es ohne jegliche Ambivalenz: Ich habe wirklich keinen grünen Daumen.

Während einige in dieser botanischen Utopie scheinbar mühelos üppige Gärten kultivieren, als ob sie mit der Erde auf einer geheimen geistigen Ebene kommunizieren würden, stehe ich da und wage es, einen Topf mit einer Grünpflanze zu berühren, nur um ihr einen schnellen Tod zu bescheren. Die Kunst der Pflanzenpflege, eine Symbiose aus biologischer Harmonie und ästhetischer Raffinesse, bleibt mir so fremd wie die Syntax einer vergessenen antiken Sprache.

Es ist, als ob die Flora selbst meine unbeholfenen Bemühungen verschmäht. "Wie kannst du es wagen, dich an uns zu versuchen?", scheint der Chor der Pflanzen zu rufen, während sie ihre Blätter aufbäumen und sich vor meinen törichten Annäherungsversuchen schützen. Die Botanik, diese erhabene Form der existentiellen Selbsterforschung, bleibt mir verwehrt, als ob ich ein literarisches Werk ohne Worte oder eine Symphonie ohne Töne schaffen würde.

Jedoch, lasst uns nicht vergessen, dass mein Versagen im Bereich der Pflanzenpflege nicht etwa aus mangelndem Interesse resultiert. Nein, meine Freunde, es ist eine bewusste Entscheidung, eine Rebellion gegen die konformistische Natur dieser grünen Gesellschaft. Während andere sich der Pflege von Orchideen und Sukkulenten widmen, beschäftige ich mich mit viel anspruchsvolleren geistigen Pflanzen, die in den Hainen der Philosophie und den Gewächshäusern der Literatur gedeihen.

Es ist eine noble Verpflichtung, das intellektuelle Ökosystem zu pflegen, während andere sich mit der banalen Gartenarbeit abplagen. Während mein Fensterbrett von vergeudeten Samen und welken Stängeln bevölkert wird, gedeihen meine geistigen Blüten in einem unermüdlichen Streben nach Wissen und Erkenntnis. Was sind schon Blumen, verglichen mit den Blüten der Weisheit?

Aber ach, wie gerne würde ich in diesem blühenden Ballett der Natur mitwirken! Wie gerne würde ich mich von den Geheimnissen des Komposts und den Rhythmen der Jahreszeiten berauschen lassen. Doch nein, das Universum hat es anders bestimmt. Mein Platz ist nicht zwischen den Rosen und Lilien, sondern zwischen den Zeilen und Gedanken, wo die Blüten der Erkenntnis in ungezähmter Pracht erstrahlen.

Und so stehe ich hier, ein Märtyrer des modernen Zeitalters, opferbereit für die höhere Kunst des Denkens und Reflektierens. Während die Welt ihre Gartenschürzen umlegt und die Hände in die Erde taucht, lasse ich meine Finger über die Tastatur gleiten, um die Saat der Intelligenz zu pflanzen und die Blüten der Erleuchtung zu ernten.

Möglicherweise werde ich nie verstehen, warum meine Versuche, eine Pflanze zu hegen, stets im Fiasko enden. Vielleicht werde ich nie die subtile Sprache des Chlorophylls entschlüsseln oder die verborgenen Sehnsüchte einer Blume verstehen. Doch während mein Daumen unweigerlich seinen Farbton beibehält, werde ich mich auf die Worte und Ideen konzentrieren, die in meiner geistigen Landschaft sprießen und gedeihen.

Und so, meine verehrten Botaniker und Gärtner, mögen eure Gärten erblühen und eure Pflanzen gedeihen, während ich meinen geistigen Dschungel erkunde und die exotischen Pflanzen des Denkens kultiviere. Denn in der Welt der Ideen, in der Pflanzen und Gedanken miteinander verschmelzen, blüht meine wahre Berufung auf – und das, ohne auch nur im Geringsten einen grünen Daumen zu benötigen.

Kinderkriegen- eine Leistung an sich?

Es ist zweifellos bemerkenswert, wie die Gesellschaft immer noch in ekstatischen Jubel ausbricht, wenn Menschen verkünden, dass sie sich entschieden haben, Nachwuchs zu zeugen. Man könnte fast glauben, dass sie gerade den Nobelpreis für außerordentliche Leistungen erhalten haben. Doch, meine verehrten Damen und Herren, lasst uns für einen Moment unsere intellektuellen Monokel anlegen und die Lupe der Vernunft auf diesen vermeintlichen Triumph werfen.

Kinderkriegen – ein wahrlich ungeahntes Meisterwerk der Biologie, das wir heute mit einem müden Schulterzucken betrachten, als ob es sich um eine simple Aufgabe handeln würde, vergleichbar mit dem Anknöpfen einer Krawatte oder dem Binden eines Schnürsenkels. Wer könnte schon erahnen, dass eine so alltägliche Angelegenheit wie die Vereinigung zweier Geschlechter tatsächlich zu einem neuen Leben führen könnte? Wirklich, es ist ein Wunder, dass die Menschheit nicht schon vor Jahrtausenden an der schieren Überraschung erstickt ist!

Aber, meine Freunde, lassen Sie mich Ihnen versichern, dass der Gedanke, sich der fleißigen Fortpflanzung hinzugeben, keineswegs meine geistigen Kapazitäten in Jubel stürzt. Im Gegenteil, die Vorstellung, ein weiteres Mitglied der Spezies Homo sapiens in die Welt zu setzen, mag für einige ein Akt der Liebe sein, für mich jedoch erweist er sich eher als Beweis für die mangelnde Originalität unseres Repertoires. Ein bisschen wie ein Musiker, der unablässig das gleiche Lied summt – könnte man nicht wenigstens versuchen, die Partitur zu erweitern?

Die Vorstellung, dass die Zeugung eines Kindes als persönliche Errungenschaft gefeiert wird, erinnert mich an einen Fisch, der stolz darauf ist, dass er Wasser atmen kann. Ja, Glückwünsche sind zweifelsohne angebracht – vielleicht auch ein kleines Spritzer Wasserapplaus –, aber ist es wirklich notwendig, die Trompeten der Ehrfurcht zu blasen, als hätte jemand soeben die Relativitätstheorie aufgestellt? Schließlich ist die Menschheit seit Jahrtausenden erfolgreich in dieser Aktivität tätig, und unsere Vorfahren haben sicherlich nicht jede neue Geburt mit einer Paraden an dargebotenen Ovationen gefeiert.

Es wäre unfair, nicht anzuerkennen, dass die Elternschaft zweifellos ein anspruchsvoller Job ist – zumindest für diejenigen, die mehr tun, als ihren Kindern das einfache Überleben beizubringen. Aber lasst uns nicht vergessen, dass die Hauptleistung darin besteht, die Grundlagen dessen zu vermitteln, was Generationen vor uns bereits erforscht, dokumentiert und weitergegeben haben. Wenn wir applaudieren, applaudieren wir nicht der Entdeckung des Neuen, sondern der fleißigen Reproduktion des Alten.

In der Tat, meine Damen und Herren, sollten wir in Erwägung ziehen, eine eigene Kategorie für solche "Leistungen" zu schaffen: die "Institutionalisierung des Trivialen". Natürlich können wir nicht leugnen, dass die Menschheit ohne die Fortpflanzung nicht existieren würde, aber ist es wirklich notwendig, diese Tatsache mit einer so enthusiastischen Begeisterung zu umgeben? Es ist, als würde man einen Hut auf einen Hut setzen und dann denken, man habe eine neue Modeerscheinung geschaffen.

In Anbetracht all dieser Gedanken komme ich zu dem Schluss, dass das Kinderkriegen sicherlich eine biologische Notwendigkeit ist, aber es als eine herausragende Leistung zu feiern, ist wohl etwas übertrieben. Ich werde meine intellektuelle Energie weiterhin darauf verwenden, nach den unergründlichen Geheimnissen des Universums zu suchen, anstatt mich in Jubelstürme über die schiere Fähigkeit zu stürzen, Leben zu schaffen. Denn letzten Endes, meine Damen und Herren, ist es vielleicht an der Zeit, unsere geistige Aufmerksamkeit auf etwas zu lenken, das etwas mehr intellektuellen Glanz und Originalität verdient – wie das Jonglieren mit Einsteins Gleichungen oder das Komponieren von Poesie in Paralleluniversen.

Warum ich es nicht mag zu telefonieren

Es ist zweifellos eine äußerst faszinierende Paradoxie der modernen Kommunikation, dass die Kombination aus zwei grundlegenden menschlichen Bedürfnissen - nämlich der Notwendigkeit, zu kommunizieren, und der ebenso unausweichlichen Sehnsucht nach persönlichem Raum - zu einer derartig exquisiten Abneigung gegen das Telefonieren führen kann. Während die Welt um uns herum mit technologischen Fortschritten und Möglichkeiten zur sofortigen Verbindung aufwartet, lehne ich es in meiner schamlos altmodischen Haltung vehement ab, mich diesem telekommunikativen Trend hinzugeben.

Die Analogie, die mir in den Sinn kommt, ist die eines erlesen verfeinerten Weinkenners, der vor einem Automaten mit bunt schillernden, zuckerhaltigen Limonaden steht. In ähnlicher Weise fühle ich mich, wenn mein Telefon erklingt, als würde ich mit einem minderwertigen Kommunikationsmittel konfrontiert, während ich mich nach einem schriftlichen Gesprächsmedium sehne, das so elegant ist wie die sprachlichen Verzierungen eines alten Sonetts.

Der kritische Intellekt neigt dazu, das Telefon als ein Mittel der Unterbrechung zu betrachten (meine Nachbarin frönt dieser Unterbrechung eigentlich gefühlt 18 Stunden am Tag, weil sie scheinbar nichts zu tun hat in ihrem Leben), eine eindringliche Aufforderung, die innere Einkehr zu verlassen und in die unerbittliche Strömung der Äußerlichkeiten gezogen zu werden. Die Tiefe eines Gedankens kann so schnell ertrinken wie ein Schiff in einem ungestümen Ozean aus banalem Smalltalk und belanglosen Informationen.

Die Kunst der Eloquenz, die in der schriftlichen Form gedeiht, wird durch die Hektik des Telefonierens entstellt, wodurch die

Möglichkeit, ein wohlüberlegtes Argument oder eine raffinierte Wendung zu präsentieren, tragisch beschnitten wird.

Diejenigen, die das Telefonieren enthusiastisch anpreisen, mögen argumentieren, dass es eine natürliche Möglichkeit sei, menschliche Verbindungen aufrechtzuerhalten und zwischenmenschliche Beziehungen zu stärken. Doch wie kann das sein, wenn die Qualität der Interaktion in einer Flut von Abkürzungen, Störgeräuschen und oberflächlichen Ablenkungen ertrinkt? Ein wahrer Liebhaber der intellektuellen Tiefe wird uneingeschränkt eine handgeschriebene Notiz oder eine fein formulierte E-Mail als das adäquate Mittel zur Pflege von Beziehungen erkennen. Darüber hinaus darf man nicht die subtile Ironie übersehen, dass die Technologie, die entwickelt wurde, um uns näher zusammenzubringen, oft das genaue Gegenteil bewirkt. Während wir uns bemühen, ein Telefonat zu führen, wandeln wir auf einem schmalen Grat zwischen einem virtuellen Gespräch und einer surrealen Performance, bei der wir verzweifelt versuchen, unsere Umgebung auszublenden und gleichzeitig eine tiefere Verbindung herzustellen. Es ist, als ob wir versuchen würden, ein klassisches Gemälde zu betrachten, während wir auf einem wackeligen Einrad balancieren - eine absurde und dekadente Unternehmung, die den eigentlichen Zweck verzerrt und in Frage stellt.

Man mag einwenden, dass ich ein Relikt vergangener Zeiten bin, ein Nostalgiker, der die Vorzüge moderner Kommunikationstechnologien nicht zu schätzen weiß. Doch in meiner tief verankerten Ablehnung des Telefonierens erkenne ich eine Form des intellektuellen Widerstands gegen die Oberflächlichkeit der Gegenwart. Es ist meine Art zu protestieren, meine kritische Stimme zu erheben und mich standhaft gegen die Strömung der Zeit zu stemmen.

In der Ära der schwindenden Geduld und der ständigen Ablenkungen mag mein Standpunkt als übertrieben pedantisch erscheinen. Aber ich bestehe darauf, dass es in dieser flüchtigen Welt noch einen Platz für diejenigen von uns gibt, die das Telefon als eine schrille Dissonanz in der Symphonie des Lebens betrachten. Während andere hastig durch ihre Telefonate huschen und belanglose Informationen austauschen, werde ich auf meinem stolzen Pferd der Schriftlichkeit reiten, mein Schwert der Eloquenz geschärft und bereit, die Flut der Banalität zu durchschneiden.

In der Summe mag es so scheinen, als ob meine Antipathie gegenüber dem Telefonieren von einer gewissen Überheblichkeit zeugt. Doch ich behaupte, dass es vielmehr ein zärtlicher Akt der Selbstverteidigung ist - ein Schutzschild für die reiche Innenwelt, die es zu bewahren gilt. Während die Welt um mich herum im Strudel der Klingeltöne und akustischen Benachrichtigungen versinkt, werde ich auf meinem geistigen Thron sitzen, von der Ruhe und Erhabenheit des Gedruckten umgeben, und mit einem spöttischen Lächeln auf den Lippen die ironische Komödie des Telefonierens beobachten.

Warum geschwätzige Menschen öfters schweigen sollten

Natürlich, es ist ja offensichtlich, dass die Welt auf die tiefsinnige Stille jener wartet, die bis dato die Atmosphäre mit ihren schrillen Wortkaskaden durchdrungen haben. Es ist geradezu entzückend, wie diese geschwätzigen Wesen sich in ihrer endlosen Weisheit vorwärtsbewegen, als würden sie das Universum mit ihrer bloßen Sprachgewalt neu formen. Man kann nicht anders, als zu bewundern, wie sie ihre kostbare Zeit verbringen, indem sie unermüdlich Worte ausstoßen, als wäre jedes davon ein funkelnder Diamant in der Krone des intellektuellen Fortschritts.

Oh, wie armselig ist es doch für diejenigen von uns, die die Gnade der Stille kennen, diese Plappermäuler zu beobachten, wie sie in ihren endlosen Monologen gefangen sind.

Es ist fast, als würden sie glauben, dass die Länge ihres Redeflusses direkt proportional zu ihrer intellektuellen Kapazität ist. Ja, wie könnten wir je vergessen, dass die Lautstärke ihrer Stimmen die Weisheit ihrer Gedanken widerspiegelt? Welch beeindruckende Gabe, die Worte im Überfluss zu besitzen, während der Rest von uns nur armselig nach Bedeutung sucht.

Die schweigenden Seelen unter uns, die es wagen, in der kostbaren Stille zu verweilen, werden zweifellos von der Tiefe ihrer eigenen Gedanken erdrückt. Was könnten wir je gegen die Flut von Worten ausrichten, die unaufhörlich auf uns niederprasseln?
Es ist eine wahre Prüfung, die heilige Stille zu bewahren, wenn um uns herum ein ständiger Strom von Klängen und Buchstaben herrscht.
Doch wir haben uns dieser Herausforderung gestellt, denn unsere intellektuelle Reife erlaubt es uns, unsere Gedanken zu bewahren,

anstatt sie wie lästige Motten ins Licht der Worte zu stürzen.

Die Vorstellung, dass geschwätzige Menschen vielleicht mehr schweigen sollten, ist zweifellos eine Provokation höchsten Kalibers. Denn wer braucht schon Momente der Reflektion und des Selbstbewusstseins, wenn man doch einfach weiterreden kann? Wer benötigt schon Raum für Gedanken, wenn man die Luftröhre stattdessen mit sinnlosem Geplapper füllen kann? Es ist fast so, als ob diese exquisit schweigenden Augenblicke der Erleuchtung überflüssig wären, wenn wir stattdessen die Räume mit unseren unnachahmlichen Diskursen füllen könnten.

Wie könnten wir je den unbezahlbaren Wert von Unterhaltungen messen, in denen das einzige Ziel darin besteht, unsere eigenen Stimmen zu hören? Es ist ein Meisterwerk der Kommunikation, wenn wir unsere eigene intellektuelle Schönheit bewundern können, während wir die Gedanken anderer mit unserem ehrfurchtgebietenden Wortreichtum erdrücken. Warum sollten wir in Erwägung ziehen, innezuhalten und zuzuhören, wenn wir stattdessen die Welt mit unseren glorreichen Monologen überfluten können?

In der Tat, die Idee, dass geschwätzige Menschen möglicherweise mehr schweigen sollten, könnte als Angriff auf die Grundfesten unserer Gesellschaft angesehen werden. Schließlich sind es diese unerschütterlichen Redner, die uns stets daran erinnern, wie wichtig es ist, unsere eigenen Stimmen über alles zu stellen.

Denn warum sollten wir uns mit der leisen Weisheit der Stille zufriedengeben, wenn wir stattdessen die Klanglandschaft mit unserem unvergleichlichen Wissen füllen können?

In einem Universum, das von Worten regiert wird, ist es zweifellos eine revolutionäre Vorstellung, dass Schweigen vielleicht eine Form von Erkenntnis sein könnte.

Doch sollten wir wirklich darüber nachdenken, ob wir unsere Zeit damit verschwenden, bedeutungslose Geräusche von uns zu geben, oder ob wir uns stattdessen der subtilen Eloquenz der Stille hingeben sollten? Es ist eine Frage, die vielleicht nie eine Antwort findet, solange diejenigen, die am lautesten reden, weiterhin das Rampenlicht beanspruchen.

Also, lasst uns alle weiterhin bewundern, wie die geschwätzigen Seelen dieser Welt die Stille mit ihren unendlichen Wortströmen durchbrechen. Lasst uns in Ehrfurcht erstarren, während sie die Luft um uns herum mit ihren tiefschürfenden Gedanken füllen.

Und möge die Idee, dass sie vielleicht mehr schweigen sollten, eine Erinnerung daran sein, wie kostbar die Momente der Stille wirklich sind – für diejenigen von uns, die es wagen, ihnen zuzuhören.

Warum Modelleisenbahn kein Hobby ist

Ah, das faszinierende Phänomen der Modelleisenbahn – zweifellos eine Beschäftigung, die die Grenzen des Intellekts sprengt und die Gemüter auf eine unerreichte Ebene der Tiefgründigkeit hebt. Denn wer könnte behaupten, dass das penible Arrangieren winziger Züge und Landschaften kein wahrhaft erhebendes Unterfangen ist? Zweifellos ist es eine Aktivität, die nur den erlesensten und raffiniertesten Geistern vorbehalten ist.

Während die Normalsterblichen sich mit trivialen Vergnügen begnügen, stoßen die wahren Enthusiasten der Modelleisenbahn in Dimensionen vor, von denen die meisten Menschen nur träumen können. Sie geben sich nicht mit solch banalen Freuden wie Sport oder Kunst ab – nein, ihre Bestimmung liegt darin, die Welt im Maßstab 1:87 zu beherrschen.

Schließlich ist es eine unbestreitbare Tatsache, dass das ordnungsgemäße Auslegen von Gleisen und das sorgfältige Positionieren von Miniaturhäusern ein intellektuelles Genie von monumentalem Ausmaß erfordert.

Die begeisterten Anhänger der Modelleisenbahn sind zweifellos Visionäre, die eine bedeutende Lücke in der Welt des intellektuellen Austauschs füllen. Während einige möglicherweise behaupten könnten, dass die Welt bereits genug Beiträge in den Bereichen Wissenschaft, Kunst und Philosophie hat, sind es die leidenschaftlichen Gleisbauer, die das wahre Potenzial menschlichen Denkens offenbaren.

Schließlich ist es kaum zu leugnen, dass das Feilen an den Details eines Modellzugs der wahre Gipfel menschlicher Kreativität ist. Es ist wahrlich bewundernswert, wie die Modelleisenbahnen   einen unvergleichlichen Einblick in die menschliche Psyche bieten.

Schließlich sind diejenigen, die sich dem Detailreichtum dieses Hobbys verschrieben haben, wahrscheinlich die einzigen, die tatsächlich verstehen, wie subtil die Nuancen des Schienenverkehrs sein können.

Während andere in einem Meer von Ignoranz schwimmen, segeln die Modellbahnkenner mutig in die Fluten der Gleislogistik und des Bahnhofsbetriebs.

Die Modelleisenbahn-Enthusiasten haben zweifellos ein tiefes Verständnis für die Feinheiten der Miniaturwelt entwickelt, das für den gewöhnlichen Geist unerreichbar ist. Während die Mehrheit in trivialen Hobbys wie Lesen, Malen oder Musizieren versinkt, haben diejenigen, die ihre Zeit mit dem Errichten von Modelllandschaften verbringen, wahrlich den heiligen Gral der Intellektualität gefunden. Schließlich sind es die fein abgestimmten Drehkreuze und die präzise angeordneten Bäume, die das wahre Maß unserer geistigen Reife offenbaren.

Die Vorstellung, dass Modelleisenbahn kein Hobby sei, könnte nur von jenen ignoriert werden, die noch nicht die tiefgreifende Erleuchtung erlangt haben, die mit dem Schaffen einer mikroskopischen Eisenbahnwelt einhergeht. Schließlich ist es eine wahrhaftig erhebende Erfahrung, wenn man stundenlang über die beste Position für eine winzige Bank oder eine unauffällige Straßenlaterne nachdenkt. Diese monumentalen Überlegungen sind zweifellos der Nährboden für bahnbrechende Erkenntnisse und Geistesblitze.

In der Ära der Raumfahrt, der künstlichen Intelligenz und der medizinischen Durchbrüche ist es nur passend, dass die Modelleisenbahn-Enthusiasten den Gipfel der Menschheit erreicht haben, indem sie kleine Lokomotiven über sorgfältig gelegte

Schienen lenken. Während andere nach den Sternen greifen, blicken diese edlen Denker auf ihre winzigen Züge und wissen, dass sie die eigentliche Essenz menschlicher Errungenschaften erfasst haben.

In der Tat, wer könnte bestreiten, dass die Modelleisenbahn-Begeisterung keine wahrhaft intellektuelle Expedition ist? Diejenigen, die mit ihren Miniaturzügen spielen, sind zweifellos die modernen Entdecker des winzigen Universums, die Pioniere der Maßstabslogik und die Verfechter der kultivierten Miniaturisierung. Lasst uns also alle in Ehrfurcht vor den unerschrockenen Gleisbauern verharren und uns inspirieren lassen von ihrer unvergleichlichen intellektuellen Brillanz.

Content Creator – Die Barden der Belanglosigkeit

In einer Welt, die ohnehin schon von unzähligen Informationen, Meinungen und Katzenbildern überschwemmt wird, stellt sich eine drängende Frage: Warum zur Hölle benötigen wir eigentlich noch mehr Content Creator? Diese modernen Barden der digitalen Ära, die mit ihren meisterhaften Kreationen, die vom Erklären des richtigen Kaffeefilters bis zur Deutung komplizierter Wolkentier-Formationen reichen, unsere geistigen Grenzen erweitern. Oh, wie könnten wir jemals ohne sie überleben?

Diese Content Creator, diese leuchtenden Sterne am Himmel der digitalen Langeweile, sind zweifellos der Kitt, der unsere brüchige Existenz zusammenhält. Schließlich war es schon immer unser dringender Wunsch, von Selfies überflutet zu werden, die sich in endlosen Variationen von

Gesichtsausdrücken und Filtern ergehen. Und wer könnte jemals vergessen, wie sie unsere Bildschirme mit hypnotisierenden TikTok-Tanzschritten und Makeup-Tutorials erfüllen? Ein echtes Mysterium bleibt, wie die Menschheit jemals ohne diese Erleuchteten über die Jahrtausende hinweg überleben konnte.

Ein weiteres faszinierendes Phänomen ist die Fähigkeit dieser Content Creator, sogar das scheinbar Unsichtbare sichtbar zu machen. Wie der legendäre Entdecker, der das Geheimnis des verlorenen Kontinents enthüllt, decken Content Creator scheinbar belanglose Ereignisse auf und verwandeln sie in Epochen umwälzende Enthüllungen. Wer hätte gedacht, dass das Anprobieren von fünf verschiedenen Hüten tatsächlich eine Metapher für den kosmischen Tanz des Universums sein könnte? Zweifellos sind wir dem intellektuellen Aufstieg dankbar, den uns diese Genies ermöglichen.

Doch warum sollten wir uns auf die realen Fragen dieser Welt konzentrieren, wenn wir stattdessen die tiefe Weisheit von Content Creatorn in Anspruch nehmen können? Schließlich können wir jetzt mühelos lernen, wie man Avocado-Toasts in 23 Variationen zubereitet, während unsere Forschung nach Krebsheilung irgendwie in den Hintergrund rückt. Es ist eine wahre Wohltat, dass wir uns nicht mehr mit langweiligen wissenschaftlichen Artikeln und komplizierten Büchern herumschlagen müssen, wenn wir uns stattdessen von der fesselnden Erzählkunst eines Content Creator berieseln lassen können.

Wir sollten uns wirklich Glückwünsche aussprechen, dass diese kreativen Genies endlich die Anerkennung erhalten, die sie verdienen. Schließlich haben wir lange genug auf Philosophen und Denker gehört, die uns mit ihren tiefgründigen Gedanken und komplexen Theorien quälten. Wie könnten diese alten Weisen jemals mit der erstaunlichen Fähigkeit eines Content Creators konkurrieren, in einem 30-Sekunden-Video die Essenz des Universums einzufangen? Es ist fast so, als ob sich die gesamte Geschichte der Menschheit auf diesen einen magischen Moment vorbereitet hat.

Also lasst uns die Trompeten blasen und eine Ovation für die wahren Helden des 21. Jahrhunderts anstimmen - die Content Creator! Mögen sie uns weiterhin mit ihrem unendlichen Wissen, ihrem unerschöpflichen Enthusiasmus und ihren unvergleichlichen Fähigkeiten beglücken. Denn zweifellos gibt es nichts Wichtigeres in dieser Welt, als sicherzustellen, dass jeder Mensch auf dem Planeten Zugang zu Videos hat, die zeigen, wie man einen Papierteller in ein Meisterwerk der Origami-Kunst verwandelt.

In einer Zeit, in der die Menschheit nach Erleuchtung hungert, sind Content Creator die geistigen Giganten, auf deren Schultern wir stehen. Mögen ihre leuchtenden Beiträge noch lange unsere Bildschirme erhellen und uns auf den Pfad der wahren Erkenntnis führen - oder zumindest dazu, wie man das perfekte Avocado-Toast zubereitet.

Es gibt Pommestüten-halter für 980$ (von einer nicht zu nennenden Marke)

Es ist wirklich erstaunlich, wie die menschliche Rasse unaufhaltsam danach strebt, die Grenzen der Innovation zu erweitern. Während einige immer noch versuchen, die Geheimnisse des Universums zu enträtseln oder bahnbrechende medizinische Durchbrüche zu erzielen, haben wir endlich den Gipfel des menschlichen Erfindungsgeistes erreicht: den Pommestüten-Halter für schlappe 980 Dollar.

Ja, Sie haben richtig gehört, meine Damen und Herren. In einer Welt, in der Armut, Ungleichheit und Umweltzerstörung allgegenwärtig sind, können Sie nun stolz verkünden, dass Sie einen Ort haben, um Ihre Pommestüte in der Luft schweben zu lassen, als ob sie von einem Chor fliegender Engel getragen würde.

Denn wer braucht schon eine funktionierende Infrastruktur, Bildungssysteme oder sogar angemessene Gesundheitsversorgung, wenn man stattdessen sein hart verdientes Geld für ein Accessoire ausgeben kann, das Ihre tiefgefrorenen Kartoffelstifte majestätisch präsentiert?

Die architektonische Brillanz hinter dieser Innovation ist schlichtweg atemberaubend. Es ist offensichtlich, dass der Designer sich von den monumentalen Werken der Renaissance inspirieren ließ, um sicherzustellen, dass die Pommestüte in ihrer ganzen Pracht und Prunk zur Geltung kommt. Die geschwungenen Linien, die das goldene Verhältnis widerspiegeln, erzeugen einen faszinierenden Kontrast zu der einfachen Kartoffeltüte, die sie beherbergt. Es ist eine Hommage an die klassische Kunst, die eine wichtige Botschaft vermittelt:
Die Kartoffel, einst ein einfaches Wurzelgemüse, hat endlich ihren rechtmäßigen Platz

im Pantheon der Meisterwerke gefunden. Natürlich könnte man einwenden, dass der durchschnittliche, normale Mensch vielleicht Schwierigkeiten haben könnte, den Sinn und Zweck eines Pommestüten-Halters für 980 Dollar zu erkennen. Doch das ist nur das Ergebnis begrenzten Denkens. Wir sollten vielmehr unsere kognitiven Fähigkeiten nutzen, um die verborgenen Nuancen zu enthüllen. Dieses extravagante Accessoire fungiert nicht nur als einfacher Ständer, sondern auch als Symbol für die menschliche Vorliebe für das Absurde und Überflüssige. Es ist eine subtile Anspielung auf die Fragilität unserer eigenen Existenz - genau wie die Pommestüte schutzlos im Wind flattert, so werden auch wir von den Stürmen des Lebens hin- und hergeworfen.

Die Idee, dass sich jemand tatsächlich die Mühe gemacht hat, einen Markt für Pommestüten-Halter zu schaffen, ist zweifellos ein Beweis für die Überlegenheit des menschlichen Intellekts. Während andere Lebewesen einfach versuchen, Nahrung zu finden oder die Gene zu entziffern, widmen wir uns den wirklich wichtigen Dingen im Leben - der Schaffung von Luxusgütern, die unsere Existenz auf ein neues Niveau heben. Schließlich gibt es keine bessere Möglichkeit, seinen sozialen Status zu demonstrieren, als durch den Besitz eines High-End-Pommestüten-Halters. Vergessen Sie Diamanten oder Luxusautos - wahre Eleganz zeigt sich erst, wenn Sie Ihre Pommes in einem kunstvoll gestalteten Halter präsentieren können.

Aber warten Sie, es wird noch besser. Diejenigen, die behaupten, dass der Preis von 980 Dollar für einen Pommestüten-Halter übertrieben sei, verstehen einfach nicht den wahren Wert dieses Meisterwerks. Bedenken Sie, wie viel Zeit und Mühe in die Entwicklung und Herstellung dieses Accessoires gesteckt wurden. Von der Auswahl des edelsten Materials bis hin zur kunstvollen Handarbeit, die in jede Kurve und jeden Winkel eingeflossen ist - es ist offensichtlich, dass hier nichts dem Zufall überlassen wurde. Ein Pommestüten-Halter für weniger als 980 Dollar wäre geradezu beleidigend für die anspruchsvollen Gaumen derer, die nach nichts Geringerem als dem Besten streben.

In einer Welt, die von schnellen Trends und flüchtigen Vergnügen geprägt ist, ist der Pommestüten-Halter für 980 Dollar eine erfrischende Erinnerung daran, dass wahre Raffinesse Zeit braucht. Während einige vielleicht behaupten könnten, dass dieser Gegenstand nicht mehr als eine Laune für die Reichen und Berühmten ist, sollten wir uns vielmehr darauf konzentrieren, wie er unsere Gesellschaft voranbringt. Denn wer weiß, vielleicht wird der Pommestüten-Halter eines Tages zu einem Symbol des sozialen Wandels, zu einem Zeichen dafür, dass wir endlich bereit sind, unsere Prioritäten neu zu bewerten und unser Streben nach Überflüssigem zugunsten des Wesentlichen aufzugeben.

In Anbetracht all dieser tiefgründigen Gedanken bleibt nur eine Frage: Warum hat es so lange gedauert, bis wir den Pommestüten-Halter für 980 Dollar hatten? Die Menschheit hat endlich ihren wahren Zweck gefunden, und er ist frittiert, knusprig und bereit, in Luxus gehalten zu werden.

Der Wedding-Irrsinn (at its best!)

In der schillernden Welt der Hochzeitsvorbereitungen, die so glamourös ist wie ein
Schokoladenfondue ohne Früchte, tauchen
sie auf wie Sternschnuppen in einer klaren,
mondlosen Nacht: die übereifrigen Wed-
dingplaner und hochzeitsbegeisterten Indi-
viduen.
Diese faszinierende Spezies, die glaubt,
dass die Farbauswahl der Tischdecken das
Schicksal einer Ehe beeinflusst, stellt definitiv eine Quelle der endlosen Erheiterung
dar. Doch Vorsicht, geneigter Leser, in
diese Welt einzutauchen erfordert eine intellektuelle Robustheit, die einer Analyse
des "Bachelor"-Finales würdig wäre.

Während normale Sterbliche über Dinge
wie Weltpolitik, Klimawandel und philosophische Dilemmata sinnieren, verbringen
diese Kunstschaffenden der Liebe ihre Tage
damit, die exakte Farbnuance von Braut-

strauß und Ringkissen zu diskutieren. Denn wer würde bestreiten, dass die Wahl zwischen "Rosenquarz" und "Perlweiß" das fragile Gleichgewicht zwischen den Mächten des Universums beeinflusst? Sicherlich nicht unsere enthusiastischen Planer, die mit einem Blick auf das Pantone-Farbspektrum ein Gefühl der Erleuchtung erfahren, das selbst die alten Philosophen vor Neid erblassen lassen würde.

Ihre unermüdliche Hingabe, jedes winzige Detail bis zur Perfektion zu orchestrieren, zeigt eine tiefe Verbindung zu jenen feinen Nuancen des Lebens, die weniger aufgeklärte Geister übersehen mögen. Während gewöhnliche Sterbliche ihre Zeit mit banalen Aktivitäten wie Schlafen, Essen und Arbeiten verbringen, tauchen diese Hochzeitsenthusiasten in die dunkelsten Ecken des Internets ein, um die seltenste Blume zu finden, die die Braut nur einmal in ihrem Leben tragen wird.

Ein bemerkenswertes Opfer, wenn man bedenkt, dass die Hälfte dieser Blütenblätter wahrscheinlich vor dem Gang zum Altar auf den Boden fallen wird - ein wahrhaft tragischer Verlust im Theater der Eitelkeiten.

Und was wäre eine Hochzeit ohne eine Gästeliste, die länger ist als eine Shakespeare-Tragödie? Die Hochzeitsfanatiker glauben fest daran, dass der dritte Cousin zweiten Grades der Schwiegermutter der besten Freundin des Bräutigams eine unverzichtbare Rolle in diesem glamourösen Spektakel spielt. Denn wer möchte schon auf die Gelegenheit verzichten, sich mit Menschen auseinanderzusetzen, von denen man nicht einmal den Namen aussprechen kann? Ein gewöhnlicher Sterblicher mag denken, dass es ausreicht, die Liebe zwischen Braut und Bräutigam zu feiern, aber die intellektuellen Hochzeitsschamanen wissen es besser: Je mehr Menschen, desto größer die Liebe. Oder so ähnlich.

Doch vergessen wir nicht die wahre Essenz dieser Hochzeits-Magier/innen: die Suche nach dem heiligen Gral der Hochzeitsplanung, dem perfekten Instagram-Moment. Denn was nützt eine atemberaubende Hochzeit, wenn sie nicht minutiös dokumentiert und auf sozialen Medien geteilt wird? Jedes sorgfältig ausgewählte Blütenblatt, jeder umständlich drapierte Stoff, jedes kunstvoll arrangierte Dessert - sie sind nichts wert, wenn sie nicht von Tausenden bewundert werden können, die nie die Absicht hatten, tatsächlich zu kommen.

In einer Welt, die nach intellektuellem Futter hungert, bieten diese Hochzeitshandwerker eine schier endlose Quelle der geistigen Nahrung. Ihre leidenschaftliche Hingabe zur Perfektion in einer Welt voller Unvollkommenheit ist ein bewundernswerter Akt der Selbstlosigkeit, der uns alle daran erinnert, wie wichtig es ist, sich auf die wirklich wichtigen Dinge im Leben zu konzentrieren - wie die genaue Farbpalette der Hochzeitstortenglasur. Also erheben wir unser metaphysisches Glas auf diese Titanen der Tischdekoration, diese Maestros der Menüplanung, diese Götter der Gästelisten - denn ohne sie wäre die Welt der Hochzeitsvorbereitungen sicherlich eine viel traurigere und weniger unterhaltsame Bühne.

Kinderfreie Hotels – Die Bastion der Stille

In der schillernden Welt der Innovationen und bahnbrechenden Ideen, in der wir uns heute bewegen, darf man sicherlich den neuesten Stern am Himmel der Gastge-werbe-Konzepte nicht übersehen – die kin-derfreien Hotels. Ein Ansatz so faszinie-rend, dass man unweigerlich denkt: "Wa-rum hat das nicht schon viel früher jemand erfunden?"

Nun, in einer Ära, in der die Gesellschaft ständig nach Ausflüchten sucht, um sich selbst als Kollektiv zu entkommen, ist es nur allzu natürlich, dass der Gedanke, sich in kinderfreien Hotels zu verkriechen, die Intellektuellen anspricht. Schließlich muss man über seine schwerfälligen Kinder hin-wegsehen, um die wahre Essenz von Kultur und Bildung zu erfassen. Die Idee, sich in einem Ort der Erhabenheit niederzulassen, wo das schrille Lachen und die überschwängliche Freude von Kindern keinen Platz haben, könnte nicht verlockender sein.

Diese Hotels bieten ein Ambiente, das jedem intellektuellen Snob gerecht wird. Das Gefühl, in einem Ort zu sein, der vor den unraffinierten Einflüssen der jungen Generation geschützt ist, lässt die Herzen derjenigen, die es besser wissen, höherschlagen. Schließlich ist es nicht einfach, das Echo von "Warum?" in den Ohren der Kinder zu ignorieren, wenn man nach einem ruhigen Ort der Überlegenheit sucht.

Man kann nur staunen über die Weitsicht der Erfinder dieser Hotels. Ein Ort, an dem man seine intellektuelle Ausnahmestellung ungestört ausleben kann, während man über einen Teller mit exquisit zubereitetem Quinoa-Avocado-Salat und einem Glas sorgfältig ausgewähltem Chardonnay sinniert. Denn seien wir ehrlich, wer möchte schon von den ungebildeten Gaumen der Jugend abgelenkt werden, während man versucht, die Nuancen des neuesten postmodernen Romans zu erfassen?

Natürlich sollte man die Bedeutung der "intellektuellen Ruhe" nicht unterschätzen. Es ist zweifellos schwer, sich auf den tieferen Sinn der Dinge zu konzentrieren, wenn man von den scheinbar endlosen Energieausbrüchen der Jugend umgeben ist. In diesen kinderfreien Oasen der Weisheit kann man sich zurücklehnen und sich in die Tiefen der abstrakten Gedanken vergraben, ohne befürchten zu müssen, von einem lauten Kreischen oder einem plötzlichen Ausbruch kindlicher Begeisterung gestört zu werden.

Aber lasst uns nicht vergessen, dass die Kinderfreien Hotels nicht nur ein Segen für diejenigen sind, die ihre intellektuelle Überlegenheit kultivieren wollen. Sie dienen auch einem höheren Zweck: der Förderung der geistigen Erleuchtung.

Denn wie könnte man inmitten von Spielsachen, fröhlichem Lachen und den trügerischen Freuden der Kindheit wirklich über die existenziellen Fragen der Menschheit nachdenken?

In gewisser Weise könnten wir diese Hotels als modernes Äquivalent der antiken Philosophenschulen betrachten. Ein Ort, an dem sich die Gelehrten versammeln, um tiefschürfende Diskussionen zu führen und das Wissen der Jahrhunderte weiterzugeben – ohne die Ablenkungen und Unannehmlichkeiten der kindlichen Unschuld.

Es sei jedoch darauf hingewiesen, dass diese Hotels keinesfalls diskriminierend oder intolerant sind. Nein, sie bieten vielmehr eine Oase für diejenigen, die den Kindern und ihren Allüren entkommen möchten. Es ist im Grunde genommen eine

Dienstleistung für diejenigen, die ihre Zeit und Energie lieber darauf verwenden, die Klassiker der Weltliteratur zu studieren, anstatt sich mit Legosteinen zu beschäftigen.

In einer Zeit, in der das Reisen zu einer Flucht vor der Realität geworden ist, ist es nur passend, dass es Orte gibt, an denen man sich vor den allzu realen Problemen der Elternschaft verstecken kann. Kinderfreie Hotels bieten diese dringend benötigte Zuflucht – ein Hort des Wissens, der Ruhe und der Selbstgefälligkeit, wo diejenigen, die sich für geistig überlegen halten, ihre intellektuelle Eitelkeit in vollen Zügen genießen und pflegen können.

Ist Facebook out?

In der sich ständig weiterentwickelnden
Welt der sozialen Medien, wo Trends kommen und gehen schneller als ein Modehaus
seine Kollektionen wechseln kann, erhebt
sich eine äußerst wichtige und entschei-
dende Frage: Ist Facebook - diese veraltete
Reliquie aus einer längst vergangenen Ära
des Internets - endlich "out"? Ah, wie wun-
derbar klingt diese Frage, als würde man
über die Anwendung eines Atari ST1040 als
tragbares Kommunikationsmittel diskutieren.

Wenn wir uns dem Dilemma nähern, das
uns alle in tiefes Grübeln stürzen lässt, ist es
unerlässlich, unsere intellektuellen Glühbir-
nen auf Hochleistung zu schalten. Denn
schließlich können nur die feinsten Geister
die subtile Nuance zwischen "veraltet" und
"zeitlos" erkennen. Facebook, das einstige
Kronjuwel der digitalen Vernetzung, hat

sich auf eine bemerkenswerte Reise bege-
ben - von der exklusiven Universitätsplatt-
form zu einem globalen Marktplatz für Bilder von Mittagessen und Katzen.

Doch wie der Vogel im Käfig, der sich weigert, die Tür zu verlassen, hat Facebook
eine treue Anhängerschaft, die sich standhaft weigert, den Zeichen der Zeit zu gehor-
chen. Diese Hüter der Vergangenheit sind
wie Archäologen, die mit ihren digitalen
Pinseln vorsichtig den Staub von den Relik-
ten der Myspace-Ära entfernen. Sie schwär-
men von Nostalgie und Erinnerungen an
Farmville-Abenteuer, als wären sie epische
Schlachten aus Homers Ilias.

Aber Moment mal, sagen Sie nicht, dass Facebook die Tore zur modernen Ära der sozialen Vernetzung weit geöffnet hat? Das
mag wohl sein, doch wenn wir unsere Pfei-
fen rauchenden Gehirne anstrengen, erkennen wir, dass Facebook heute so modern ist

wie eine Schreibmaschine in einer Ära der künstlichen Intelligenz. Die einst bahnbrechenden Funktionen wie "Poke" und "Superpoke" - die digitale Äquivalente zu einem Schulterklopfer oder einem kleinen elektronischen Gruß - mögen das Herz der Online-Kommunikation gewesen sein, aber die Welt hat sich weitergedreht.

Schauen wir uns einmal die jüngsten Entwicklungen an. Das Unternehmen hat tapfer versucht, mit der Einführung von Instagram und WhatsApp Schritt zu halten. Doch selbst diese Bemühungen sind vergleichbar mit einem Versuch, einen verrosteten Oldtimer mit High-Tech-Raketenantrieb aufzurüsten. Ja, die alten Strukturen sind immer noch da, aber sie wurden von einem überwältigenden Gefühl der Irrelevanz überholt.

Die Jugend von heute, diese strahlenden Sterne der Zukunft, begegnen Facebook mit einem Achselzucken. Sie betrachten es wie ein Relikt, das ihre Eltern verwenden, um peinliche Babyfotos zu teilen, während sie ihre neuesten TikTok-Tänze meistern. Die Idee, dass Facebook als "cool" angesehen wird, ist so lächerlich wie die Vorstellung, dass Manuskripte auf Papyrus heutzutage bevorzugt werden sollten.

Aber Moment mal, mag der aufmerksame Beobachter einwenden, hat nicht auch Facebook die Virtual-Reality-Welle ergriffen, indem es Oculus VR erworben hat? Natürlich, wie könnte man die bahnbrechende Entwicklung von Oculus vergessen? Es ist fast so, als hätte jemand versucht, einen antiken Federkiel mit einem Space Shuttle zu kombinieren - eine beeindruckende Leistung, die jedoch letztendlich nur dazu führt, dass man fragt: "Warum zur Hölle?"

In der Ära von Snapchat, Twitter (Sorry, neuerdings „X") und Co. ist Facebook in der Tat zu einer Art digitaler Langeweile geworden - eine Plattform, die sich eher für politische Diskussionen eignet als für das Erkunden von Trends. Es ist, als würde man versuchen, einen Dampfzug in einem Zeitalter des Hyperloops zu fahren.

Also, um die Frage "Ist Facebook out?" abschließend zu beantworten: Nein, natürlich nicht. Facebook ist nicht "out". Es ist vielmehr ein erstaunliches Artefakt aus einer Zeit, in der soziale Medien in den Kinderschuhen steckten. Eine Zeit, in der die Vorstellung, dass Menschen ihre Gedanken und Fotos mit anderen online teilen könnten, so neu und aufregend war wie die Idee, dass die Erde rund ist.

Und so bleibt Facebook bestehen, wie eine verblasste Fotografie in einem alten Album, einst bedeutsam, aber jetzt nur noch ein Hauch vergangener Zeiten. Ein Ort, an dem diejenigen, die sich nach der Vergangenheit sehnen, weiterhin verweilen können, während der Rest von uns weiterzieht, auf der Suche nach den nächsten aufregenden digitalen Horizonten.

Gesammelte Beobachtungen über Sauna,
Hotels und Restaurants

1. Hotels sind einfach großartig, besonders wenn man das Vergnügen hat, die mysteriösen Flecken auf den Teppichen zu erforschen.

2. Restaurants, in denen das Personal so geheimnisvoll tut, als ob sie die letzten Überlebenden einer uralten Bruderschaft wären, die das Geheimnis der Suppenlöffel hütet.

3. Die Kunst der Sauna: Menschen in einem winzigen Raum zu beobachten, wie sie versuchen, so zu tun, als würden sie genießen, in ihrem eigenen Schweiß zu kochen und nicht auf fremde Geschlechtsteile zu blicken.

4. Restaurants mit winzigen Portionen – die beste Möglichkeit, sicherzustellen, dass deine Brieftasche abnimmt, während deine Taille es nicht tut.

5. Saunen sind wirklich Orte der Zen-

Meditation – vor allem, wenn du versuchst, dich auf deinem Handtuch nicht am Holz zu verbrühen.

6. Hotels mit Blick auf die Balkone des Nachbargebäudes bieten eine kulturell bereichernde Erfahrung für alle, die skurrile Menschen sehen wollen.

7. In Restaurants, in denen das Licht so gedimmt ist, dass du deine Speisekarte mit einer Taschenlampe lesen musst, lernt man wirklich, Hunger nach Wahrheit zu stillen.

8. Eine Sauna zu betreten ist wie in eine andere Dimension einzutreten, in der Schweiß die Währung ist.

9. Hotels mit kostenlosen Shampoo-Fläschchen sind ein Paradies für diejenigen, die schon immer mal 37 verschiedene Mini-Shampoos besitzen wollten.

10. Ein Restaurant ohne mindestens fünfzehn Gewürze zur Auswahl ist wahrlich ein kulinarisches Ödland.

11. Die Sauna: ein Ort, an dem Menschen

ihre Kleidung ablegen und ihre Hemmungen scheinbar gleich mit.

12. Hotels mit Matratzen härter als Diamanten bieten die perfekte Gelegenheit, das Liegen auf einem Juwel zu üben.

13. Wer braucht schon Servietten in Restaurants? Echte Kenner benutzen ihre Hosen.

14. Saunen sind der ultimative Test -für alles!

15. Hotels, wo keine Kinder erlaubt sind, sind wie Einhörner – Gerüchte besagen, dass es sie gibt, aber kaum jemand hat sie je gesehen.

16. Restaurants mit Menüs in Kalligrafie-Schrift sind eindeutig auf die Verwirrung des Geistes spezialisiert.

17. Saunen: Wo du deinen Körper entspannst und dein Geist überlebt, indem er dich daran erinnert, dass du dringend einkaufen musst.

18. Hotels, in denen der Zimmerservice nur verfügbar ist, wenn die Sterne in einer

bestimmten Konstellation stehen.

19. Saunen – weil manchmal musst du einfach herausfinden, wie viele Grad Hölle du ertragen kannst.

20. Hotels, in denen die Klimaanlage die Dezibel eines startenden Flugzeugs erreicht.

21. Ein Restaurant ohne vegane, glutenfreie, laktosefreie, zuckerfreie Optionen ist definitiv eine letzte Bastion gegen den kulinarischen Niedergang.

22. Saunen sind der ideale Ort, um über die tiefsinnigen Fragen des Lebens nachzudenken, wie zum Beispiel: "Warum tue ich mir das an?"

23. Hotels mit Teppichboden: weil du schon immer davon geträumt hast, einen Waldspaziergang im Zimmer zu machen.

24. Restaurants mit Speisen, die so kunstvoll drapiert sind, dass du dich fragst, ob du essen oder malen sollst.

25. Hotels mit Betten, die so weich sind, dass du das Gefühl hast, auf einer Wolke zu schweben... oder zumindest bis zum

Rückenschmerzen

26. Restaurants, in denen die Teller größer sind als der Tisch, entwickelst du eine faszinierende Akrobatik, um dein Essen zu erreichen.

27. Saunen sind der Beweis, dass Menschen bereit sind, sich für ein bisschen Entspannung in menschlichen Bratpfannen zu braten.

28. Hotels mit Wänden so dünn, dass du denkst, die Nachbarn hätten sich in dein Zimmer verirrt.

29. Restaurants mit "hausgemachtem" Essen, das verdächtig nach einer industriellen Großküche schmeckt.

30. In der Sauna fühlst du dich wie ein Gourmetgericht – du wirst langsam gegart, bis du perfekt zart bist.

31. Hotels mit Spiegeln, die so schlecht positioniert sind, dass du dich fragst, wer zur Hölle diesen Ort gestaltet hat.

32. Restaurants, in denen das Personal so freundlich ist, dass du dich fragst, ob sie

wirklich von dieser Welt sind.

33. Saunen sind ideal dafür Menschen zuzusehen wie sie ohne ihre Rolex und Louis Vuitton-Taschen einfach nur sind wie alle anderen.

34. Hotels, in denen der Fahrstuhl eine Zeitreise zurück in die Ära der Dinosaurier ist.

35. Restaurants mit Menüs, die mehr Seiten haben als ein Tolstoi-Roman.

36. Die Sauna – der einzige Ort, an dem du freiwillig in deinem eigenen Saft schmorst und dich fragst, ob du selber auch so schlimm aussiehst wie diejenigen, die um dich rumsitzen.

37. Hotels, in denen das Zimmerdesign eine Hommage an "Verwirrung" ist.

38. Restaurants mit Tischen so klein, dass du dich fragst, ob sie für Actionfiguren gemacht sind.

39. Hotels, in denen der Wasserdruck in der Dusche so gering ist, dass du dich fühlst, als würde jemand deine Haare sanft

ansprühen oder dich anpinkeln.

40. Restaurants, die sich bei der Beleuchtung von Höhlenmalereien inspirieren lassen.

41. Hotels, in denen die Zimmer so klein sind, dass du dich fragst, ob sie für Hobbits entworfen wurden.

42. Restaurants, in denen die Wartezeit auf dein Essen so lang ist, dass du dir wünschst, du hättest eine Farm gegründet und es selbst angebaut.

Es ist zweifellos ein epochaler Augenblick in der gesellschaftlichen Evolution, in dem wir uns erlauben dürfen, die exzentrische Spezies der Rasenmähereltern zu würdigen.

Diese faszinierende Unterart der Elternschaft hat es geschafft, die subtile Kunst der Überfürsorge auf eine nie zuvor gesehene Ebene zu heben. Während Helikoptereltern scheinbar nur wie propellergetriebene Wirbelwinde über ihren Brutkasten kreisen, sind die Rasenmähereltern die wahren Meister des exquisiten Rasenmanagements, die ohne Zögern jedes Hindernis entfernen, das den makellosen Pfad ihrer verzogenen Sprossen stören könnte.

Die Konzepte von "Herausforderung" und "Bewältigung" sind natürlich nur veraltete Relikte vergangener Generationen, die es wagen würden zu behaupten, dass Schwierigkeiten das Wachstum fördern könnten. Die heutige Elite der Rasenmähereltern hat sich jedoch dazu entschieden, die kindliche Erfahrung von Enttäuschung und Misserfolg mit der Entschlossenheit eines Rasenmähers zu zermalmen, der gnadenlos über eine unschuldige Grasnarbe fegt.

Man könnte meinen, dass das bloße Bestehen einer Prüfung oder das Meistern einer neuen Fähigkeit ausreichen würden, um das Lob und die Anerkennung eines Rasenmäherelternteils zu ernten. Doch oh nein, das ist nur der Anfang. Die wahre Prüfung besteht darin, das Leben ihrer kostbaren Nachkommen so reibungslos zu gestalten, dass jedes Hindernis im Voraus beseitigt wird. Schließlich könnte das unerwartete Stolpern über eine emotionale Hürde dazu führen, dass das heilige Gleichgewicht der kindlichen Bequemlichkeit gestört wird.

Während Helikoptereltern vielleicht gelegentlich eine Gelegenheit verpassen könnten, ihren Sprösslingen zu imponieren, sind Rasenmähereltern stets zur Stelle, um den Weg zu ebnen. Warum sollte ein zartes Kind mit den Tücken der sozialen Interaktion konfrontiert werden, wenn ein besorgter Erziehungsberechtigter die Schatten im Vorfeld beseitigen kann?

Schließlich könnte der bloße Gedanke daran, dass ein Kind lernen muss, mit Ablehnung oder Konflikten umzugehen, die fragilen Blumen des narzisstischen Selbstbewusstseins beschädigen.

Es ist auch von größter Bedeutung, die subtile Kunst der Schuldzuweisung zu meistern, wenn die Notwendigkeit besteht, die Gründe für das Scheitern ihres Nachwuchses zu erläutern. War es der Lehrer, der die Frage falsch gestellt hat? Oder vielleicht die Schule, die nicht genug Ressourcen bereitgestellt hat, um das einzigartige Genie des

kleinen Lieblings zu fördern? Die rasenmä-
herelterliche Rhetorik ist so geschickt wie
ein professioneller Gärtner, der die letzten
Spuren eines unerwünschten Unkrauts aus-
merzt.

Während einige Kritiker behaupten mögen,
dass Kinder durch den Umgang mit Herausforderungen resilienter werden, widerlegt
die moderne Forschung eindeutig solche ar-
chaischen Vorstellungen. Warum sollten
wir unsere kostbare Zeit mit dem Erlernen
von Frustrationstoleranz oder der Entwicklung von Stressbewältigungsstrategien verschwenden, wenn wir stattdessen die Möglichkeiten haben, für den Rest unseres Lebens von Mama und Papa gerettet zu werden?

In der Ära der Rasenmähereltern ist die
Vorstellung von persönlicher Verantwor-
tung zu einem Relikt vergangener Zeiten
geworden. Warum sollten Kinder lernen,

ihre eigenen Entscheidungen zu treffen, wenn wir sie doch in Watte packen können? Schließlich ist die Welt da draußen ein gefährlicher Ort, und es ist unsere Pflicht als Eltern, sie vor den Schrecken der Eigenständigkeit zu schützen.

In dieser faszinierenden Ära der Rasenmäherelternschaft kann man nicht umhin, von der unermesslichen Weisheit und Weitsicht dieser elterlichen Pioniere fasziniert zu sein. Indem sie die Grundlagen der Selbstbewältigung und des persönlichen Wachstums verwerfen, haben sie es geschafft, eine Generation von Kindern heranzuziehen, die so widerstandsfähig sind wie ein Butterkeks in warmer Milch. Bravo, Rasenmähereltern, bravo.

In der heutigen digitalen Ära, in der der Menschheit bereits unzählige Wunder der Technologie geschenkt wurden, erhebt sich eine Seuche, die so raffiniert und verlockend ist, dass sie fast schon wieder bewundert werden könnte. Die Seuche TikTok, ein virtuelles Phänomen, das wie ein Wirbelwind die Aufmerksamkeit der Jugendlichen auf sich zieht und dabei raffiniert intellektuelle Substanz mit einer Prise kultureller Einfachheit vermischt.

Die Tiefe und der intellektuelle Reichtum von TikTok sind zweifellos beeindruckend. Wie könnte man die Brillanz von 15-sekündigen Tanzvideos leugnen? Dieses Medium der Selbstentfaltung erlaubt es den Menschen, ihre choreografischen Meisterwerke der Welt zu präsentieren. Wer braucht schon Jahre des Studiums, um die

Feinheiten der Bewegung zu verstehen, wenn man einfach die Hüften schwingen kann?

Die einzigartige Fähigkeit, bedeutungsvolle Botschaften in begrenzten Ausdrucksformen zu übermitteln, ist eine wahre Meisterleistung der Kommunikation. Schließlich sagen Bilder mehr als tausend Worte, also warum sollte man sich die Mühe machen, tatsächlich tausend Worte zu verwenden?

Die geistige Nahrung, die TikTok bietet, ist zweifellos von erheblicher Statur. Wo sonst könnten wir Zeuge der tiefgründigen Diskussionen über lebensverändernde Themen wie Lippenfüllstoffe, Handgesten-Choreografien und Modeerscheinungen werden? Diese kulturellen Kostbarkeiten füttern den Geist auf eine Art und Weise, die die Klassiker der Philosophie niemals erreichen könnten. Die verführerische Kombination aus visueller Stimulation und geistiger Reflexion ist in der Tat ein Fest für die Sinne, das die Massen hypnotisiert und gleichzeitig in Erstaunen versetzt.

Es wäre eine Verfehlung, die Einflussnahme von TikTok auf die Sprache zu ignorieren. Die glorreiche Ära von Poesie und anspruchsvoller Prosa ist endlich vorbei, denn wer braucht schon eine gut formulierte Argumentation, wenn man mit einer Handbewegung und einem suggestiven Blick eine tiefe Bedeutung vermitteln kann? Die Schönheit von TikTok liegt in seiner Fähigkeit, die sprachlichen Barrieren niederzureißen und den Weg für eine neue Form der Kommunikation zu ebnen: die Sprache der Emojis und Abkürzungen. Shakespeare mag seine Sonette gehabt haben, aber hätte er gewusst, wie man Emojis benutzt, hätte er wahrscheinlich nie so viel Zeit mit jambischem Pentameter verschwendet.

Die Kreativität, die TikTok hervorbringt, ist zweifellos inspirierend. Die unzähligen

Herausforderungen und Trends, die auf der Plattform zirkulieren, bieten eine nie dagewesene Chance, sich selbst neu zu erfinden. Wer hätte gedacht, dass das Abspielen eines Songs im Hintergrund und das Nachahmen von Bewegungen so viel Raum für individuelle Ausdrucksformen lassen würden? Diese Fähigkeit zur Anpassung und Originalität ist wahrlich eine Hommage an die menschliche Erfindungsgabe. Vergessen Sie Da Vincis Meisterwerke - das wahre kreative Genie liegt in den endlosen Variationen desselben TikTok-Tanzes.

In einer Welt, in der die Informationsflut überwältigend ist, erweist sich TikTok als Segen für diejenigen, die nach einer Denkpause suchen. Wer braucht schon tiefsinnige Diskussionen, intellektuelle Analysen oder gar Bildung, wenn man stattdessen die neuesten tanzenden Haustiere beobachten kann? Die Pestilenz TikTok hat erfolgreich diejenigen erobert, die nach Unterhaltung und Ablenkung dürsten. Es ist eine Manifestation dessen, was die Gesellschaft schon immer gebraucht hat - eine einfache Möglichkeit, Zeit zu verplempern, ohne sich mit solch mühsamen Aktivitäten wie Nachdenken auseinandersetzen zu müssen.

In einer Zeit, in der die Welt vor Herausforderungen steht, die echte intellektuelle Anstrengungen erfordern, können wir uns auf TikTok verlassen, um unsere Gedanken abzulenken und unsere kritischen Fähigkeiten auf ein neues Niveau der Trivialität zu bringen.

TikTok wird zweifellos in die Geschichtsbücher eingehen, nicht als eine Kulturkrankheit, sondern als ein Spiegelbild unserer Zeit - eine Zeit, in der der Intellekt und die Substanz durch eine endlose Flut von tanzenden Videos ersetzt wurden.

In der unendlichen Weisheit des Universums gibt es wohl kaum eine Begabung so
weit verbreitet wie die Fähigkeit, zu allem
eine Meinung zu haben. Man könnte fast
meinen, dass dies die eigentliche Triebfeder
menschlicher Existenz ist - vergleichbar mit
dem drängenden Verlangen, stets den perfekten Instagram-Schnappschuss von jeder
Mahlzeit zu schießen. Die Menschheit hat
es wahrlich geschafft, die erstaunliche
Kunst zu beherrschen, sich zu Themen zu
äußern, von denen sie keinen blassen
Schimmer hat.

Es ist bewundernswert, wie die meisten von
uns sich nicht von so trivialen Dingen wie
Wissen oder Forschung aufhalten lassen,
wenn es darum geht, Meinungen zu äußern.
Wer benötigt schon Fakten, wenn man stattdessen auf ein solides Fundament aus Halb-
wahrheiten, Vorurteilen und persönlichen

Vorlieben zurückgreifen kann? Tatsächlich ist es ein Akt der wahren Größe, eine Meinung mit vollkommener Überzeugung zu vertreten, selbst wenn sie nur auf dem zufälligen Wurf eines Gedankens basiert, der einem im Supermarkt gekommen ist.

Die Fähigkeit, zu allem eine Meinung zu haben, erstreckt sich über sämtliche Ecken des Kosmos. Von politischen Angelegenheiten über philosophische Debatten bis hin zu den neuesten Trends in der Haustiermode - es gibt buchstäblich kein Thema, das vor der mutigen Kühnheit unserer Meinungen sicher ist. Schließlich ist es nicht wichtig, ob man eine Ahnung hat, wie das Steuersystem funktioniert, solange man eine starke Meinung dazu hat, wie es funktionieren sollte. Wozu überhaupt Fakten über Klimawandel oder medizinische Forschung heranziehen, wenn man doch einfach seine Meinung darüber äußern kann, wie diese Dinge „sicherlich" funktionieren?

Ein wahrlich faszinierender Aspekt dieser Fähigkeit ist die Unnachgiebigkeit, mit der sie verteidigt wird. Wenn jemand das Glück hat, eine Meinung zu vertreten, die auf echtem Wissen basiert, ist es zweifellos eine Verschwendung, sich auf einen Dialog einzulassen. Schließlich geht es doch nicht darum, etwas zu lernen oder sich weiterzuentwickeln. Nein, es geht darum, die eigene Meinung zu verfechten, als stünde das Schicksal der Welt auf dem Spiel - ganz egal, ob das eigentliche Thema die Rettung von Welpen oder die Zukunft der Raumfahrt ist.

Doch man darf nicht vergessen, dass die Fähigkeit, zu allem eine Meinung zu haben, nicht nur eine wahrhaft intellektuelle Leistung ist, sondern auch eine soziale Kunstform. Schließlich bringt es uns näher zusammen, wenn wir uns über Dinge empören können, von denen wir nichts verstehen.

Das Teilen von Meinungen verbindet uns in einer gemeinsamen Erfahrung der Ignoranz, und das ist etwas, das man nicht unterschätzen sollte. Schließlich sind die besten Freundschaften diejenigen, in denen man gemeinsam über Themen diskutieren kann, von denen beide keine Ahnung haben.

In einer Welt, in der Information allgegenwärtig ist und Wissen nur einen Klick entfernt liegt, ist es wahrhaft erfrischend, zu sehen, wie die Menschheit sich entschieden hat, diesen Luxus zu ignorieren. Warum sich die Mühe machen, nach verlässlichen Quellen zu suchen, wenn man doch stattdessen einen YouTube-Kommentar von einem selbsternannten Experten lesen kann? Schließlich sagt man, dass Wahre Intelligenz darin besteht, zu wissen, wie wenig man weiß - und nichts verkörpert das besser als die endlose Fähigkeit, zu allem eine Meinung zu haben.

In Anbetracht all dessen könnte man zu dem Schluss kommen, dass wir die Meister des Universums sind, wenn es darum geht, Meinungen zu äußern. Doch vielleicht sollten wir gelegentlich einen Moment innehalten und darüber nachdenken, ob unsere unglaubliche Fähigkeit, zu allem eine Meinung zu haben, wirklich ein Zeichen von intellektueller Stärke ist oder ob wir vielleicht doch hin und wieder den Wert von Fakten und echtem Wissen anerkennen sollten. Aber dann wiederum, das ist nur meine Meinung.

Über neugierige und nervige Nachbarn

Es ist doch einfach nur ein wahres Privileg, wenn man sich in den Tiefen der eigenen vier Wände vor der neugierigen und nervigen Welt da draußen versteckt, nicht wahr? Oh, aber wartet mal – wer braucht schon Privatsphäre, wenn man stattdessen das ständige Summen der bohrenden Fragen und unaufgeforderten Ratschläge der geschätzten Nachbarn genießen kann? Ein wahres Fest der geistigen Anregung und inspirierten Gedanken!

Da ist er wieder, der Augenblick, auf den man sehnsüchtig gewartet hat, seit man in diese idyllische Nachbarschaft gezogen ist. Denn wer könnte sich schon eine bessere Möglichkeit vorstellen, den Morgen zu beginnen, als mit einem freundlichen Klopfen an der Tür oder einem Hinüberspähen auf den nachbarschaftlichen Balkon? Und welche Wonne, wenn die nette Frau W., die zufälligerweise auch den Schlüsselbund für die örtliche SPD-Klitsche besitzt, einen unangekündigten Besuch abstattet! Schließlich muss man wissen, wer gestern wieder einmal um Mitternacht den Müll rausgebracht hat. Ein wahrhaft intellektuelles Denkspiel, das es zu enträtseln gilt.

Aber warten Sie, es wird noch besser!
Nichts geht über das beiläufige Abhören von Gesprächsfetzen über den Gartenzaun hinweg. Ist es nicht erhebend zu erfahren, wer in letzter Zeit unter einer mysteriösen Krankheit gelitten hat oder welche familiären Dramen sich in den Tiefen des Wohnzimmers abspielen? Da muss man nur die Lauscher spitzen, um die neuesten Erkenntnisse in der Menschheitsgeschichte zu erlangen – alles vom Komfort des eigenen Hinterhofes aus. Und diese unaufhörliche Neugierde, die manche Menschen an den Tag legen, ist wirklich eine Hymne auf die menschliche Natur. Warum sollte man sich

denn um seine eigenen Angelegenheiten kümmern, wenn es so viel interessanter ist, sich in das Leben anderer einzumischen? Die Kunst der subtilen und doch so durchschaubaren Fragen ist wahrlich bewundernswert. Wie schaffen es unsere Nachbarn nur, mit einer Stimme, die das gesamte musikalische Spektrum von Quietschen bis Kreischen abdeckt, ihre „unschuldigen" Fragen zu formulieren?

Aber Moment mal, vergessen wir nicht die Königin aller Nachbarschaftsinteraktionen – die unvermeidliche Gartenparty. Hierbei handelt es sich um eine seltene Gelegenheit, bei der Menschen zusammenkommen, um die wichtigsten Fragen des Lebens zu diskutieren: Warum wächst Ihre Hecke immer so viel schneller als meine? Oder wer von uns hat den besseren Rasenmäher? Oder wer war wo in den Ferien? Diese intellektuellen Höhepunkte der Konversation bieten zweifellos Nahrung für die Seele.

Aber seien wir ehrlich, wer könnte sich schon über das lebhafte Summen dieser Begegnungen beschweren? Es wäre doch viel zu langweilig, wenn man sich einfach mit einem guten Buch auf der Terrasse zurückziehen könnte, ohne von einer Schar neugieriger Ohrenzeugen belagert zu werden. Wer braucht schon Ruhe und Frieden, wenn man stattdessen die Möglichkeit hat, sein persönliches Drama vor einem Publikum von Nachbarn auszubreiten, die allesamt in höchster Aufmerksamkeit darauf warten, die nächste Enthüllung zu hören?

Letztendlich sollten wir uns doch bei unseren neugierigen und nervigen Nachbarn bedanken. Sie sind es, die uns daran erinnern, wie kostbar die Privatsphäre ist, und uns die subtile Kunst des ironischen Augenzwinkerns lehren, wenn wir uns wieder einmal mit ihren unvermeidlichen Fragen auseinandersetzen. Denn wirklich, was wäre das

Leben ohne diese intellektuellen Wechsel-
bäder der Neugierde und Nervigkeit? Eindeutig viel zu ruhig und unspektakulär.

Hast noch noch Sex oder spielst du schon Golf?

Natürlich, nichts erfüllt das schillernde Dasein eines Menschen besser als die Frage nach seinen vorrangigen Freizeitbeschäftigungen. Eine Frage, die buchstäblich die Essenz der menschlichen Existenz zu erfassen vermag: "Hast du noch Sex oder spielst du schon Golf?" Eine Frage, die in ihrer tiefschürfenden Brillanz die Dualität zwischen hedonischem Vergnügen und aristokratischer Erbauung widerspiegelt.

Die Frage, die zweifelsohne aus den tiefsten Sphären eines Platon oder eines Voltaire hätte entspringen können, zwingt uns, unsere Prioritäten neu zu bewerten. Denn welche höhere Form der Selbstverwirklichung könnte es geben als die Verbindung zweier Seelen im Rhythmus der Leidenschaft?
Und doch, wie könnten wir den Reiz der gepflegten Rasenflächen und exquisit ausbal-

ancierten Schläge übersehen, die das Golfspiel bietet?

Die menschliche Natur, ein wahrlich kom-
plexes Gewebe von Wünschen und Antrie-
ben, findet in dieser Frage ihren Gipfel-
punkt. Denn was könnte elementarer sein
als die dringende Notwendigkeit, sich in
den Armen eines geliebten Menschen zu
verlieren? Aber warten Sie, halt! Was ist mit
der sublimen Eleganz des Golfsports, bei
dem der Schlag eines Balls eine Metapher
für die Tücken des Lebens selbst wird?

Gewiss, sexuelle Intimität mag einst als der
Gipfel der Lebensfreude angesehen worden
sein. Doch ist es nicht an der Zeit, über solche profanen Dinge hinauszublicken und
das wahre Juwel des menschlichen Aus-
drucks zu umarmen: das Golfspiel? Schließlich kann nicht jeder seine Hingabe zu einem Sport zeigen, der nicht nur Zeit und
Ressourcen verschlingt, sondern auch ein

tiefsitzendes Verständnis für Fairness und Etikette erfordert.

Die Wahl zwischen Sex und Golf ist wirklich ein Duell der Titanen, ein intellektuelles Schachspiel der höchsten Ordnung. Denn welcher vernunftbegabte Geist könnte widerstehen, seine Gedanken über die sinnliche Symbiose zweier Menschen hinaus zu lenken und sich stattdessen der Herausforderung eines 18-Loch-Parcours zu stellen? Die Genugtuung, den Ball mit exakter Kraft über das Grün zu schlagen, mag das Blut weniger rasch zum Pochen bringen, aber ist nicht die subtile Ekstase des perfekten Abschlags ebenso erhebend?

Ein wahrer Connaisseur des Lebens würde zweifellos die feinsinnige Kunst des Golfs vorziehen, denn welche Freude könnte größer sein als die stundenlange Reflexion über Schlägerwahl, Windrichtung und die Neigung des Geländes? Doch lassen Sie uns nicht diejenigen verurteilen, die sich der animalischen Anziehungskraft hingeben, die Körper und Seelen in einen wilden Tanz der Lust versetzt. Schließlich mag es jene geben, die ohne Bedauern auf die raffinierte Eleganz verzichten können, die ein ausbalancierter Golfschwung mit sich bringt.

In einer Welt, in der Entscheidungen unser Schicksal formen, erhebt sich die Frage "Hast du noch Sex oder spielst du schon Golf?" zu einem Banner der Selbstfindung. Es ist die Art von Frage, die uns zwingt, unsere Werte zu hinterfragen, unser innerstes Wesen zu durchleuchten und uns letztendlich zu fragen, was uns als Menschen ausmacht. Also, welche Erfahrung bevorzugen Sie? Die brennende Leidenschaft der Erotik oder die gelassene Eleganz des Golfsports?

In einem Universum unzähliger Möglichkeiten bleibt diese Frage die ultimative Sonde in die Tiefen unseres Seins. Ein jeder von uns wird sich letztlich entscheiden müssen: zwischen den wellenförmigen Höhepunkten der Fleischeslust und den ruhigen Weiten eines Grüns, zwischen Stöhnen der Ekstase und dem sanften Rascheln der Bäume im Wind. Also, was wird es sein: Sex oder Golf? Die Antwort mag mehr über uns verraten, als wir je zu denken wagten.

Supermarktkassen-Irrsinn

In unserer modernen Gesellschaft, geprägt von rasanten technologischen Fortschritten und komplexen sozialen Strukturen, erhebt sich ein Phänomen, das mit einem Hauch von Absurdität und einem Schimmer intellektueller Ironie betrachtet werden kann: der Supermarktkassen-Irrsinn. Betreten wir die heiligen Hallen der Konsumtempel, wo das alltägliche Drama des Warenverkehrs auf eine Bühne des vermeintlichen Fortschritts gehoben wird.

Ein Supermarkt, ein Ort, der einst als Inbegriff von Effizienz galt, hat sich in eine absurde Wirklichkeitsblase verwandelt, in der das Schicksal einer Kundschaft von den Kapriolen der Selbstbedienungskassen beherrscht wird. Diese automatisierten Meisterwerke der Ingenieurskunst, die uns versprachen, Zeit zu sparen, erzeugen nun paradoxerweise endlose Schleifen aus Unverständnis und Verzweiflung. Der moderne Mensch, einst stolz auf seine intellektuellen Fähigkeiten, findet sich plötzlich in einem Rätsel wieder, das selbst die tiefsten Gedanken eines Sokrates oder ein Lächeln von Mona Lisa überfordern würde.

Ein wahrer Liebhaber intellektueller Kuriositäten könnte argumentieren, dass der Supermarktkassen-Irrsinn die letzte Bastion der intellektuellen Herausforderung ist. Während Quantenphysik und philosophische Dialektik langsam in den Hintergrund rücken, steigt der Wert von Fähigkeiten wie "Banane nicht erkannt, bitte Hilfe rufen" in der Hierarchie des intellektuellen Prestiges. Denn wer braucht schon semantische Analyse, wenn er die verbale Finesse besitzt, einen Barcode fünfmal über den Scanner zu ziehen und dennoch das Gesicht bewahrt?

Es ist faszinierend, wie die Selbstbedienungskassen, einst als Vorboten einer neuen

Ära des Komforts gefeiert, nun zu einem sozialen Experiment mutiert sind. Sie dienen als Brutstätte für seltsame Verhaltensweisen, bei denen der Mensch versucht, die Maschine zu überlisten, als würde er gegen das Schachprogramm eines Großmeisters antreten. Das Klackern der Tasten wird zur Sinfonie der Verzweiflung, während die Warteschlange hinter einem wächst und das Gefühl von Überlegenheit, das die Technologie einst vermittelte, langsam verblasst.

Und dann sind da noch die unerklärlichen Fehlermeldungen, die wie die geheimnisvollen Hieroglyphen alter Zivilisationen auf dem Display erscheinen. "Artikel entfernt. Warten Sie auf Hilfe." Was für eine brillante Möglichkeit, das Selbstwertgefühl eines Menschen zu testen. Man stelle sich vor, wie Zen-Meister Roshi selbst mit der Frage konfrontiert wird: "Was ist der Klang einer Hand, die gegen eine Stirn schlägt?"

Aber lassen Sie uns nicht vergessen, dass der Supermarktkassen-Irrsinn nicht nur ein intellektuelles Drama ist, sondern auch ein sozialer Schmelztiegel. Hier sehen wir das breite Spektrum menschlichen Verhaltens, von stoischer Geduld bis hin zu wütenden Ausbrüchen, die das mythologische Pantheon vor Neid erblassen lassen würden. Die Schlacht um den korrekten Preis eines Joghurts wird zur Arena für philosophische Diskurse über Gerechtigkeit und ethische Preispolitik.

In einer Welt, in der Algorithmen unsere Vorlieben erraten und autonome Fahrzeuge durch den Verkehr navigieren, ist der Supermarktkassen-Irrsinn ein erfrischender Reality-Check. Er erinnert uns daran, dass unsere Fähigkeit, die Rätsel des Lebens zu lösen, immer noch begrenzt ist. Vielleicht sollte jeder Supermarkt mit einem Schild versehen sein: "Hier werden nicht nur

Lebensmittel gescannt, sondern auch Ihre Geduld und emotionale Stabilität."

In der Schlussbetrachtung bleibt der Supermarktkassen-Irrsinn ein wunderbares Paradebeispiel für die Ironie des Fortschritts. In dem Bemühen, uns das Leben zu erleichtern, hat die Technologie eine neue Arena für intellektuelle Jonglierkünste geschaffen. Während wir geduldig darauf warten, dass die Maschine unsere Banane erkennt, können wir über die Absurdität schmunzeln, die in diesem modernen Dilemma steckt. Und so verlassen wir den Supermarkt, nicht nur mit unseren Einkaufstüten, sondern auch mit einer tiefen existenziellen Frage: "Wenn eine Kasse piept und niemand hört hin, existiert sie dann überhaupt?"

Über den Autor:

PASCAL DEBRA, 1978 in Luxemburg geboren, studierte Philosophie (speziell wissenschaftstheoretische Ansätze), Literaturwissenschaften und Linguistik an der Universität Trier und erwarb dort den Magister Artium Abschluss in diesen Bereichen.

War Lehrer für Philosophie und Ethik, unterrichtet aktuell in einer International School.

Abbildung 1: Privatarchiv (c) Debra

Pascal Debra

1pascaldebra1

Weitere Schriften:

„Der Schachspieler" Roman (2009) (Neue Auflage 2018)

„Die Reißzwecke in der Regenrinne" Roman (2009) 2. Auflage 2018

„Die Evolution des Skorpions" Roman (Neue Auflage 2018)

Aesculus −Ein Gedichtzyklus in 5 Bildern. (Einzelausgabe 2017)

„Die Pathologie der Liebe" Roman. (2017) 2. Auflage 2018

„Horizontenstille" Gedichte aus den Jahren 1993-1998 20jährige Jubiläumsausgabe 2018

„Ausgewählte Gedichte 1998-2002" (2018)

„Äonenfalter −Gedichte und Koans 2002-2006" Jubiläumsauflage 2017

„Gedichte und Haikus. 2006-2018" (2018)

„Achilles" Roman (2018)

„Die Gefälligkeit des Vormittags" Roman (2019)

„Kafka und Ich. Philosophische Notizen und Tagebucheinträge. (Gebundene bibliophile Ausgabe 2019)

„Solipsistische Merkwürdigkeiten: Gesammelte Erzählungen und Szenen." Erzählungen. (2021)

u.a.